AF410941

Publication du « Comité d'Action Socialiste contre la Campagne de Chine. »

Les Atrocités de la guerre de Chine

PAR

PIERRE BERTRAND

PRIX : 25 Centimes

PARIS

SOCIÉTÉ NOUVELLE DE LIBRAIRIE ET D'ÉDITION

(Librairie GEORGES BELLAIS)

17, RUE CUJAS

1901

COMITÉ D'ACTION SOCIALISTE
CONTRE LA GUERRE DE CHINE

Aux Militants

Le Comité d'action socialiste contre la campagne de Chine s'est constitué dans le but d'assurer la diffusion de brochures de propagande et d'organiser des meetings de protestation.

Il prie tous les militants désireux de collaborer à son œuvre, de bien vouloir se mettre en rapport avec lui. Il leur fera parvenir les documents qu'il possède et leur prêtera le concours de ses orateurs et conférenciers.

Le Comité d'action estime, en effet, que c'est, à l'heure actuelle, un devoir impérieux pour le Parti socialiste de protester sur toute l'étendue du pays contre les atrocités commises en Chine par les troupes alliées, et d'imposer au gouvernement une enquête qui établisse toutes les responsabilités.

Il demande aux militants qui possèdent des renseignements sur la conduite du corps expéditionnaire — renseignements écrits ou verbaux — de vouloir bien les lui communiquer.

Les souscriptions pour les brochures doivent être adressées au citoyen Léon Blum, trésorier, 17, rue Cujas ; toutes autres lettres au citoyen Pierre Bertrand, secrétaire, 5, rue du Helder, ou au citoyen Émile Buré, secrétaire-adjoint, 113, rue Broca.

Pour paraître prochainement

Le Livre Rouge
LE BANDITISME INTERNATIONAL EN CHINE

Les Atrocités de la guerre de Chine

Publication du « Comité d'Action Socialiste
contre la Campagne de Chine »

Les Atrocités
de la guerre de Chine

PAR

PIERRE BERTRAND

PARIS
SOCIÉTÉ NOUVELLE DE LIBRAIRIE ET D'ÉDITION
(Librairie GEORGES BELLAIS)
17, RUE CUJAS
—
1901

Les Atrocités
de la Guerre de Chine

LES IDÉES CRIMINELLES

Je veux que cette brochure soit un acte d'accusation et qu'elle ne soit rien d'autre. J'exposerai ailleurs les causes profondes de cette campagne internationale. Je dirai ailleurs les calculs des gouvernements et la féroce duplicité avec laquelle les hommes d'État ont servi les intérêts des financiers. Je montrerai ailleurs l'œuvre de décomposition à laquelle s'emploient les missions religieuses de tout ordre, les catholiques et les protestantes. Je ferai ailleurs la longue énumération des mensonges qui ont trompé l'opinion publique au point de lui faire accepter comme de légitimes représailles les plus odieuses provocations. Mais ici je retiendrai seulement les faits au sujet desquels tous les hommes de bonne foi seront d'accord, sans qu'il soit nécessaire de rien savoir d'autre pour les flétrir et réclamer justice : maraude, vol, pillage, incendie, viol, torture, meurtre, tuerie.

A vrai dire, on a présenté le mouvement Boxer comme un réveil des instincts féroces qui sommeillent dans le cœur de tout Chinois, comme un impitoyable duel de races où les blancs ont un intérêt vital à vaincre. Pour faire justice de ces mensonges, je citerai seulement l'opinion exprimée, il y a quelques semaines, par le très fameux évêque de Pékin, M. Favier. « Le Chinois, qu'on le sache bien, dit-il, est l'être le plus doux qui soit au monde. » Cet aveu est à retenir. Tous les voyageurs, au reste, sont unanimes sur ce point. Mais n'est-il pas singulier que les gouvernements aient par un accord unanime feint d'ignorer cette humanité profonde des Fils du Ciel ; qu'ils aient laissé croire que pendant les deux mois de siège un million d'individus poussait des cris de haine et de mort autour des légations ; qu'ils se soient refusés à discerner, dans la répression, entre les révoltés poursuivant leur vœu de chasser les oppresseurs et l'immense majorité des habitants, résignée, pacifique, conciliante, attristée, victime, sans avoir rien fait pour les provoquer, des mêmes excès que les Européens ?

Ils voulaient la guerre et lui cherchaient des prétextes. Avec un servile empressement, le corps diplomatique de Pékin a contribué à répandre l'opinion que les Chinois ont une mentalité de loups et de chiens à l'égard des Occidentaux. D'où la conséquence qu'il faut les abattre ou les attacher.

La vérité, fort différente, — bien que ceci ne soit pas mon sujet je ne puis me dispenser d'en dire un mot, — est que les Célestes ont fait pendant des siècles un accueil toujours courtois, souvent cordial, parfois enthousiaste aux blancs qui venaient vivre parmi eux. Il suffit de rappeler ici la faveur dont jouit à la cour de Koubilaï-Khan l'illustre Marco Polo, celle de Jan de Montcorvin, légat du Saint-Siège auprès de l'empereur Ou-Tsoung, les libres voyages du moine Odoric Mathiucci, les honneurs accordés aux Ricci, aux Cattanco, aux Adam Schall, aux Ferdinand Verbiest. Tant qu'ils se présentèrent comme des hôtes, les Européens furent traités avec déférence ou sympathie. C'est seulement à dater du jour où ils prétendirent être les maîtres, où ils s'érigèrent en despotes, où les missionnaires constituèrent des satrapies, que la Chine se fit rebelle, se hérissa, montra les crocs. On ne saurait dire pour cela qu'elle fut une nation sauvage. Il n'est pas un peuple civilisé qui n'eût fait exactement de même.

Les causes immédiates du soulèvement qui a servi d'excuse à la campagne dont je vais, en quelques pages, résumer les atrocités, sont des plus claires à saisir. En novembre 1897, les

Allemands s'emparent de la baie de Kiao-Tcheou et exigent qu'elle leur soit livrée à bail. Pour éviter la guerre, la Chine cède. Aussitôt, devant cet aveu de sa faiblesse, toutes les nations de proie se précipitent pour la curée. La Russie se fait donner Port-Arthur. L'Angleterre se fait donner Wei-Hai-Vei. La France se fait donner Kouang-Tcheou-Ouan. La Chine cède toujours. Toutefois, elle s'aigrit et s'irrite. Le sentiment de l'injustice qu'on lui fait l'exaspère. Elle n'accepte pas le combat qu'on lui offre de toutes parts. Elle a conscience qu'elle serait vaincue. Mais elle s'arme. Et, en attendant son heure, elle discute, négocie, ruse. Pour m'en tenir à ce qui concerne notre pays, elle discute l'étendue de ses engagements, dans l'espoir qu'elle arrivera ensuite, par des concessions mutuelles, à diminuer le sacrifice que la force brutale lui impose. Sont-ce les revanchards qui vont la blâmer de ne pas aisément accepter la perte d'une province?

Mais si l'attitude de la Chine est logique et naturelle, celle de la France mérite que l'on s'y arrête un instant pour l'inconscience qu'elle atteste. L'ineffable M. Pichon télégraphie à M. Delcassé que la population est mécontente, et M. Delcassé répond qu'il exproprie la Chine pour garantir la sécurité des Chinois. Un peu plus tard, M Delcassé éprouve un véritable accès d'indignation à la pensée que le gouvernement impérial ose négocier encore. « Rien, déclare-t-il, ne pourrait entraver l'exécution de notre décision. » Puis les choses s'aggravent. Les autorités provinciales protestent, l'amiral Courrejolles répond qu'il exécute des ordres, M. Pichon demande qu'on augmente les effectifs d'urgence. Un combat a lieu à Tsé-Kam. M. Delcassé demande de nouveaux renforts à M. de Lanessan. Le bruit court que le vice-roi de Canton organise lui-même la rébellion. Une note comminatoire est adressée au Tsong-li-Yamen. Des patriotes indigènes assassinent deux officiers français à Men-tao. On est tout près de la guerre. Où sont les responsabilités?

Ne saisit-on pas sur le vif dans cette affaire l'inique brutalité des puissances européennes qui morcellent la Chine et l'accusent ensuite, et n'admettent ni qu'elle se défende, ni qu'elle se plaigne? Si elle se fût sentie prête à cette époque, les déprédations commises par notre pays, imitant l'exemple des autres pays, eussent eu pour conséquence immédiate un conflit armé. A qui la faute? Or, il se faut bien persuader que le mouvement boxer est une conséquence lointaine des spoliations dont le Céleste-Empire a souffert au cours de ces dernières années.

Donc, à l'origine, un coup de force. On ne s'en est pas tenu là. Après avoir provoqué la guerre, on a refusé d'en accepter la gênante réglementation. On n'en voulait que les droits et les bénéfices, sans les obligations. Pour se dispenser de demander aux Parlements des crédits qu'ils eussent discutés et au sujet desquels ils eussent peut-être réclamé des explications, on a prétendu que l'on n'était pas en guerre. Mais, par la suite, on a feint d'oublier que les contingents étrangers rétablissaient l'ordre, suivant l'hypocrite formule des chancelleries, et on a donné le droit de prise aux officiers et aux soldats, tandis que les gouvernements spécifiaient pour eux-mêmes des conditions de paix plus dures que s'ils eussent remporté une série d'éclatantes victoires.

Toutefois je n'insisterai pas sur ce point. L'objet de cette brochure n'est pas de donner un exemple nouveau de la duplicité des classes dirigeantes. Elle ne s'adresse pas à un public assez naïf pour qu'une telle démonstration soit à faire. Son objet est d'établir, par de saisissants exemples, la rapide et violente démoralisation qui résulte de l'état de guerre, d'une part, avec les conséquences nécessaires de cette démoralisation : maraude, vol, viol, meurtre, et, d'autre part, la complicité dans ces crimes des mêmes empereurs, rois, présidents qui ont délégué à La Haye les hommes les plus éminents à leur service pour introduire, prétendaient-ils, l'humanité dans la guerre.

J'ai constaté que la restauration des procédés sanglants du Moyen-Age dans la campagne de Chine avait causé presque autant de surprise que d'indignation. Cette surprise est irréfléchie. Lorsque, en effet, on examine d'un peu près ce conflit où l'Europe se déshonore, on s'aperçoit bien vite que s'il a pris ce caractère spécial de barbarie dont furent empreints les conflits de race et de religion des siècles passés, c'est précisément parce qu'il est, au fond, un conflit de religion et de race. Je ne veux pas dire que les chancelleries aient voulu cette guerre pour substituer le christianisme au bouddhisme. Les ministres du vieux et du nouveau monde ont également peu souci du vrai dieu et n'échangeraient pas une chiquenaude en l'honneur de ses apôtres. Représentants d'une société en décomposition, ce sont des affaires qu'ils cherchent sous les cieux les plus lointains pour maintenir à cette pourriture quelque apparence de vie par l'action et le prestige de l'or. Et s'ils préfèrent les moyens violents aux moyens pacifiques qui suffiraient, en somme, à leur assurer les mêmes bénéfices, c'est que les moyens violents leur permettent d'exercer, d'aguerrir, d'endurcir une force sans laquelle l'or perdrait sinon son action, du moins son prestige, parce qu'il tomberait dans toutes les mains hardies.

Cette force est l'armée.

Le combat, à défaut du combat le meurtre et l'assassinat, sont nécessaires à la constitution des armées. Mais, pour obtenir des hommes appelés aux armées ce fanatique dévouement qui en fait des victimes ou des bourreaux, il faut provoquer en eux l'éveil de certaines passions, toujours les mêmes à très peu de chose près. C'est la criminelle idée religieuse qui animait les Croisés dans les tueries de la Palestine; c'est la criminelle idée de race qui, à cent reprises, jeta en Hongrie les hordes turques, d'où elles essayaient de déborder sur l'Europe occidentale; c'est la criminelle idée de patrie qui a si souvent conduit à nos frontières des assassins enthousiastes et nous a conduits à leurs frontières, avec un égal aveuglement. Or, ces trois idées, ceux qui les exploitent ne veulent pas les laisser périr. Ils les entretiennent avec un soin ardent. Ils en ont animé tout le corps expéditionnaire.

On a dit aux soldats que le souci de la propagande religieuse exigeait qu'ils fussent implacables, car les païens étaient des méchants; on leur a dit que la noblesse de leur race exigeait qu'ils fussent implacables, afin que dans cent

ans un Chinois n'ose encore lever les yeux sur un Européen ;
on leur a dit que l'amour de leur pays exigeait qu'ils fussent
implacables, pour que sa gloire, retrempée dans le sang, dépas-
sât toutes les autres. Ils l'ont cru. On va voir combien ils
l'ont cru.

LE CHAPITRE DU PILLAGE

Les accusations de pillage contre les Russes sont innombrables. Le missionnaire méthodiste J.-F. Haynes, qui était à
Tien-Tsin et qui est revenu à San-Francisco à bord du
transport *Logan*, déclare dans une interview publiée par le
New-York Herald : « Lorsque Tien-Tsin fut prise, *les Russes
se distinguèrent parmi les principaux pillards.* »

De la même ville, dans une lettre datée du 29 juin, le correspondant du *Standard* écrivait : « *L'œuvre de destruction
des troupes russes a été indescriptible.* Les habitants avaient
été forcés de quitter leurs maisons pour se réfugier dans des
endroits à l'abri des bombes ou bien encore parce qu'ils
étaient de garde et remplissaient leur devoir de volon-
taires. Toutefois, pendant leur absence, même si elle ne durait
que quelques heures, on forçait les portes, et tout ce qui leur
appartenait, même les papiers d'affaires et les valeurs, était
mis en pièces. Cela se passait non seulement dans les rési-
dences isolées, loin des rues passagères, mais encore au cœur
même des concessions, si petites qu'on peut les parcourir en
dix minutes. Beaucoup de gens ont tout perdu de cette
façon, sauf les vêtements qu'ils portaient, et leur amertume
est grande. »

Dans une seconde lettre, envoyée de Tien-Tsin le 7 septembre
au même journal, on lit : « Dans les quartiers anglais, américain et japonais, toutes les boutiques sont ouvertes, et les
Chinois vont à leurs occupations comme si rien n'était arrivé.
Le contraste offert par le quartier russe est frappant. Là il y
a peu de boutiques ouvertes, si même il y en a. *Les Russes
n'ont rien laissé à vendre. Tout a été pillé.* »

De la même ville, le correspondant de la *Tribuna* écrit à la date du 10 septembre : « Le sujet des conversations du jour n'est pas le sac de la ville indigène, personne ne s'en occupe, mais le sac de la ville européenne. Ce ne sont pas les hordes chinoises qui l'ont pillée, *ce sont les troupes régulières expédiées de Sibérie* et de Cochinchine, *c'est-à-dire les cosaques russes* et les soldats d'infanterie de marine française. Outre que le fait lui-même est honteux, les détails en sont singulièrement révoltants. Tandis que les Européens de Tien-Tsin se préparaient à accueillir ces soldats en sauveurs, avec des hourrahs d'enthousiasme, les sauveurs ont commencé à saccager pour leur compte les maisons européennes. Il y en a eu d'autant moins d'épargnées que personne ne prévoyait de tels excès de la part des troupes envoyées, disait-on, pour défendre la cause de la civilisation. Les portes des magasins ont été enfoncées et, en un clin d'œil, tout a été détruit ou jeté dans la rue. Les maisons privées n'ont pas davantage été respectées. Aux personnes ingénues qui essayaient de défendre leur proprié'é et en appelaient aux officiers, ces derniers répondaient qu'elles devaient être déjà bien satisfaites que les soldats fussent venus leur sauver la vie, et que ce n'était pas le moment de discuter du tien et du mien. Telle a été l'entrée des troupes victorieuses à Tien-Tsin. »

Le correspondant de la *Morning Post*, après avoir expliqué quelles ont été les parts des diverses nations, à Pékin, termine par cette phrase : « *Ce sont les Russes qui ont fait le butin le plus considérable en pillant le Palais d'Été.* »

A la date du 8 octobre, le correspondant de la *Stampa* ajoute quelques détails : « Pour le moment, écrit-il, Pékin est délivré des Russes. C'est aux autorités chinoises qu'ils ont remis le Palais d'Été, dans l'espoir que les puissances toléreraient cette étrange occupation indigène. L'Angleterre et l'Italie, qui ont immédiatement occupé le Palais, l'ont trouvé entièrement dévalisé. Les chambres avaient leurs portes closes et scellées, mais elles ne renfermaient plus aucun des trésors de l'art chinois. *Tout avait été emporté.* Des laques rouges, des porcelaines anciennes, des bijoux, des bronzes, des vases de jade, il ne restait plus que les cassettes vides et les piédestaux nus. »

Au surplus, les journaux de Saint-Pétersbourg et de Moscou eux-mêmes avouent les rapines de leurs soldats. D'après le *Rousski Vestnik,* en effet, c'est seulement en novembre que les troupes ont reçu la consigne de ne plus participer au pillage. Or, à cette date, elles étaient toutes rapatriées, ou en voie de rapatriement; et, du reste, il n'y avait plus rien à prendre. L'opinion publique commençant à s'émouvoir, on la dupait.

Mais la complicité du gouvernement russe dans les honteuses scènes de dévastation et de chapardage dont je viens de donner quelques rapides exemples est encore bien mieux attestée par les mesures prises à l'égard des troupes à leur arrivée à Théodosie à bord du *Kiev* et du *Koskoma.* « Tous ces soldats, dit le *Temps,* dans son numéro du 1er janvier, semblaient fort peu se ressentir des épreuves subies. Ils s'en allaient courbés sous un gros paquet lourd de leur part de butin, car l'administration des douanes a reçu l'ordre de ne pas soumettre à la visite réglementaire les bagages des soldats. *Leur butin personnel est considérable.* Il se compose d'étoffes précieuses, d'objets d'art, voire de lingots d'or ou d'argent. »

Moins barbares, les contingents anglais ne se sont pas montrés moins avides. D'une lettre écrite le 16 août par le correspondant spécial du *Standard,* j'extrais ceci : « D'autres nations (que la Russie) ont pris part au pillage, et je regrette de dire que *nos soldats eux-mêmes ne sont pas revenus avec des mains tout à fait nettes.* »

Dans la lettre adressée à la *Patrie* et citée à la Chambre par Marcel Sembat, on lit : « Le grand prévôt (de Tien-Tsin), capitaine anglais Bagby, se promenait majestueusement dans les rues de la ville en donnant presque son approbation à tout ce qui se passait. Toutes les nationalités paraissent avoir une part égale dans ces faits. *Ici, on voit des marins anglais pillant une maison avec l'aide de plusieurs Chinois qu'ils avaient appelés à la rescousse. Plus loin, on aperçoit un officier anglais qui, revolver au poing et accompagné de deux soldats sikhs, se livre lui-même au pillage. »*

Même spectacle dans la capitale chinoise. « Partout, écrit un correspondant belge, on voit des soldats chargés comme des mulets. De tous les côtés, on entend des crosses enfonçant les portes. Un missionnaire raconte avoir vu *deux soldats anglais* et un soldat américain, *chargés d'objets volés*, assaillis par une bande de vagabonds. Les trois soldats durent leur salut à l'arrivée inopinée d'une patrouille japonaise qui chargea les assaillants à la baïonnette. *L'administration militaire reconnaît la validité de ces vols et préside même, dans le quartier anglais, à la vente aux enchères. »* Plus loin : « Dans une salle de la légation anglaise où se fait la vente publique des objets volés, on a vendu des porcelaines anciennes qui datent de la dynastie des Mings. Une autre collection merveilleuse de porcelaines, datant de la dynastie des Jung, c'est-à-dire de 800 ans avant notre ère, a été donnée pour cent dollars. Il est inutile de dire qu'elle valait au moins vingt fois plus. Des orfèvreries de toute beauté, des cristaux taillés plus scintillants que des diamants, des objets de luxe féminin en argent ciselé, des mosaïques précieuses, dont une seule ferait la fortune d'un antiquaire de Londres ou de Paris et datant de 4,000 ans, ont été vendus par des *officiers anglais transformés en bandits. »*

Encore qu'il soit extrêmement difficile de discerner entre ces milliers de pillards ceux qui ont pris davantage et ceux qui ont pris moins, les Américains paraissent appartenir à cette dernière catégorie. Divers correspondants signalent des cas individuels, et l'un d'eux raconte que, pendant le sac de Tien-Tsin, soldats ou marins des États-Unis s'étaient, en gens pratiques, installés près d'une porte pour n'avoir pas la peine de voler eux-mêmes. Ils arrêtaient les chapardeurs et faisaient un choix dans leur butin. Cependant je ne puis passer sous silence le témoignage si formel et si précis porté contre eux par un de leurs chefs, un officier supérieur américain. Dans une lettre que le *Times* a publiée, il écrit : « *A la prise de Pékin, nos troupes se sont emparées de la garde-robe impé-*

riale, d'une immense collection d'ornements pour les servi-
teurs du Palais et les hôtes du harem, des dons réservés aux
favoris et aux étrangers. Une bonne partie de cette masse fut
pillée. Officiers et soldats en emportent des malles et des
caisses pleines. »

Je n'insisterai pas non plus sur les faits reprochés aux
Japonais, qui ne paraissent pas avoir pratiqué avec excès le
pillage individuel. *Ils ont fait main basse sur les millions de*
l'Office des Finances, mais c'est là une mesure dont leur
général a toute la responsabilité. Ainsi que leur presse
l'observe avec soin, la recherche du butin a été régulièrement
organisée par les officiers. Cela lui paraît tout à fait conforme
aux lois de la guerre.

Les renseignements sont de même assez rares sur les exploits
des Italiens. Ils n'étaient qu'une poignée d'hommes. Cependant, le missionnaire anglais Tewkesbury accuse les troupes
qui firent l'expédition de Toung-Tcheou d'avoir saccagé les
villages. « *Les soldats,* dit-il, *prenaient aux Chinois jusqu'à*
leurs vêtements. »

C'est un incident assez grave survenu entre le général américain Chaffee et le feld-maréchal Waldersee qui a attiré
l'attention européenne sur les voleries des Allemands et, il
convient de le dire avec humilité, des Français.

On sait que l'Observatoire astronomique de Pékin est un
des plus anciens qui soient au monde. Deux nations,
les moins scrupuleuses, ou les mieux placées, ont con-
sidéré que ce butin serait glorieux et ont immédiatement
commencé l'emballage des sphères, clepsydres, astro-
labes. Ces deux nations sont la France et l'Allemagne. Le
général américain Chaffee, plus ou moins sincère dans son
indignation, protesta contre cet acte de piraterie par une
lettre fort insolente adressée au maréchal Waldersee. La
presse européenne fut saisie de cet incident, et l'attention se
trouva ainsi éveillée sur les honnêtes procédés des alliés en
Extrême-Orient. Le gouvernement français dégagea sa responsabilité en donnant l'ordre de renoncer à cette prise de
guerre que le général Voyron et M. Pichon étaient orgueilleux

de lui offrir. Les Allemands ont la mâchoire plus dure. Ils n'ont pas, du moins encore, renoncé à leur part et allèguent qu'ils dédommageront la Chine en déduisant de l'indemnité de guerre la valeur de ces inestimables antiquités.

On conçoit que, recevant de tels exemples de si hautes autorités, les soldats ne se piquèrent pas de scrupule. Le *General-Anzeiger*, de Würzburg, a publié une « lettre de Hun » qui résume toutes les autres. « Il n'y a pas de route. *Nous marchons droit devant nous, pillant*, assassinant *et volant*. Ne m'envoie pas d'argent, j'en ai à ne savoir qu'en faire. »

Si d'ailleurs les troupes oubliaient leurs droits, elles avaient des chefs pour les leur rappeler. C'est ainsi que tous les journaux ont publié la dépêche suivante, datée de Pékin, le 4 décembre : « Il est inexact que les Allemands aient subi des revers. Le corps expéditionnaire de Kalgan est rentré aujourd'hui, sans avoir combattu. Il a trouvé tout calme. *Il rapporte quinze mille taëls, de nombreux chevaux et des quantités de fourrures.* »

Deux citations pour en finir avec les pillages des troupes de Waldersee. La première est une dépêche de la *Pall Mall Gazette*, envoyée de Pékin dans les premiers jours de décembre : « Les autorités allemandes font *maintenant* un honnête effort pour arrêter le pillage des soldats dans leur section, et cet effort donne déjà des résultats. Les boutiques se rouvrent et les Chinois reviennent. » La seconde est une dépêche du *Temps*, de la même date : « Les autorités allemandes *viennent de prendre* des mesures contre le pillage. D'ailleurs, il ne devait plus y avoir grand chose à piller. » Si l'on se souvient que les alliés sont entrés à Pékin en août, cette réflexion parait fort vraisemblable.

Je dois ajouter, pour être juste, que l'exemple de l'Allemagne fut suivi par toutes les nations. Après un sac de quatre à cinq mois, on a constaté qu'il ne restait rien à voler. On s'est alors souvenu des principes, mais, toutefois, en limitant leur application aux territoires déjà tellement dévastés que l'on n'y pouvait plus glaner. C'est à ce moment, en effet, que l'on a organisé des expéditions à l'intérieur pour avoir prétexte de dépouiller les villes qui ne se trouvaient pas sur le passage des troupes. Sur ce sujet on lit, dans une dépêche envoyée de Pékin le mardi 2 janvier 1901 au *New-York Herald :* « *Les expéditions de police envoyées par les puissances ne sont, en réalité, que de simples entreprises de pillage.* Le colonel Wint a rencontré les Allemands à Sang-Hio où ils étaient en train de percevoir une contribution de 4,000 taëls et de *cent charges de fourrures* en guise de punition pour le meurtre de chrétiens imaginaires. Bien qu'il eût reçu l'ordre formel du général Chaffee de coopérer avec les Allemands, il s'est retiré. Le but auquel tendent les Allemands en réduisant la province en un désert et en ruinant les derniers vestiges de l'autorité chinoise est clair. Mais ce qui ne se conçoit guère, c'est que l'on commande des troupes américaines pour participer à cette œuvre. »

Et maintenant, voici le tour de la France. Aux questions du citoyen Marcel Sembat, M. de Lanessan a répondu que nos troupes se couvraient de gloire. Ce fut, dans tous les cas, une gloire spéciale. Je vais citer ici quelques-uns des exploits qui la constituent.

Le 13 novembre, on télégraphiait de Pékin au *Daily Chronicle :* « *Les troupes françaises suivent l'exemple des troupes allemandes.* Leurs pillages et leurs massacres donnent lieu à des plaintes quotidiennes dans les villes autour desquelles elles ont établi des postes. »

Le même journal donne, le 1er décembre, une vive peinture des scènes dont Pékin fut le théâtre à l'arrivée des alliés. « Tous, indistinctement, se sont mis à l'œuvre. Les Chinois, même amis, étaient traités en ennemis. Des officiers régularisaient le pillage jour par jour. Le butin était apporté aux légations sous escorte. On vendait les objets volés aux enchères et les officiers et soldats se partageaient les sommes ainsi réalisées. Les Japonais ont été plus heureux, parce qu'ils ont enlevé le trésor de l'Office des Finances. *Les Français ont pris tout ce qui se trouvait dans le palais du prince Li, le plus riche de tous les princes héréditaires.* »

Je mentionne simplement un télégramme envoyé de Berlin le 11 décembre aux *Daily News*, télégramme où il est dit que ce sont les Français qui ont pris l'initiative de proposer l'enlèvement des instruments astronomiques de l'Observatoire. De même je reproduis sans commentaires cette appréciation envoyée au *Times* par son correspondant de Tokio : « On a peu de bien à dire des Français et des Russes. *Il n'y aurait pas eu de pires « chapardeurs » qu'eux.* »

Maintenant, voici pour les esprits ombrageux, qui n'acceptent pas le témoignage de l'étranger.

Le 20 octobre, un soldat écrit de Tien-Tsin, dans une lettre publiée le 9 décembre par le *Journal de Roubaix* : « Vous ne vous imaginez pas comment on les mène (les Chinois) : on les frappe ni plus ni moins que des chevaux. *On pille tout ce qu'ils possèdent* et, s'ils réclament, on les tue. Nous en avons le droit. »

Le 26 décembre, la *Patrie* publie une lettre de volontaire qui lui est communiquée par un de ses amis, M. Marius Dahetze. Elle est datée de Pékin, octobre. On y lit : « Le froid se fait déjà sentir. L'hiver commence. Il paraît qu'il est ici très rigoureux. Heureusement les couvertures et les manteaux fourrés ne manquent pas. *Nous nous mettons sur le dos des vêtements qui valent en moyenne cinq cents francs.* »

Dans une interview, un soldat rapatrié déclare à un rédacteur du *Réveil du Nord* : « Le 14 juillet, nous entrâmes dans Tien-Tsin, la ville chinoise. Elle fut mise au pillage, cela va sans dire. On nous avait lâchés avec ordre de massacrer, d'incendier. »

Un officier dit, dans une lettre datée de Ta-Kou, 19 novembre, lettre dont la *Petite République* qui la publie garantit l'authenticité : « Je n'ai fait qu'une seule promenade à Tien-Tsin, peu de jours après notre arrivée, assez à temps pour me rendre compte du degré de barbarie dont sont capables les troupes dites civilisées. Il ne restait à peu près rien d'une ville d'un million d'habitants, que quelques ruines fumantes. On avait commis toutes les atrocités, et *il paraît que nos troupes, si elles n'étaient pas en tête au combat, étaient dans*

**

un bon rang au pillage. Les militaristes de notre entourage, et ils sont nombreux et ardents, étaient eux-mêmes consternés. Inutile de dire que les bons pères ont réussi à faire, dans cette occasion, une excellente affaire. Ils ont racheté aux soldats, pour un prix dérisoire, tout le butin qu'ils avaient fait, et les payaient en chèques sur la France. De plus, actuellement, ils louent à un tarif exorbitant au corps expéditionnaire les nombreux locaux qu'ils possèdent et qui ne sont debout que grâce à l'intervention des troupes. C'est tout à fait écœurant. »

Il me suffira de rappeler en terminant le scandale occasionné par le cynisme du général Frey, qui osa adresser au président de la République et aux ministres quelques milliers de kilos d'objets d'art. Le gouvernement mit fin à ce scandale par la publication de la note suivante dans l'Agence Havas :

« Dans le but d'éviter les inconvénients pouvant résulter du droit de prise, le gouvernement a décidé que tous les objets appartenant soit au gouvernement chinois, soit aux particuliers et autres, et que le matériel de guerre, dont nos troupes se seraient emparées, seront restitués au gouvernement chinois. C'est dans ce but qu'il a fait arrêter, à leur arrivée en France, les caisses et les colis dont la presse a parlé ces jours derniers. »

LE CHAPITRE DES ASSASSINATS

Je me souviens d'avoir vu cette scène tracée par un crayon hardi : Sur le sol, une jeune femme chinoise couchée, violée et morte ; tout près d'elle, à demi redressé, un glorieux lignard, qui essuie son épée-baïonnette. Plus loin, ficelant à la hâte sa part de butin, un soldat russe. Au-dessous, cette légende : « Il paraît que les Anglais commettent des atrocités au Transvaal. » Sur ceux qui ont regardé ce dessin, l'impression a été profonde. C'était une illustration effroyable de tout ce qu'on a lu et deviné.

Il y a eu cependant des spectacles pires, des scènes d'une horreur plus poignante, des actes de cruauté plus douloureux, plus raffinés. Une femme violée par un homme ou deux, c'est peu de chose. Il y a eu des femmes qui ont été violées par des compagnies entières, violées à mort. Une femme tuée, c'est peu de chose. Il y a eu des femmes lentement torturées par les Boxers occidentaux. Une femme violée et tuée, c'est peu de chose. Il y a eu des femmes que l'on dédaignait d'achever. On les jetait blessées dans un puits ou dans une fosse, et on les enterrait vivantes. On avait auparavant brisé contre le mur, ou bien à coups de crosse, le front des petits enfants.

Des Français ont fait ces choses? Tout comme les Allemands, les Italiens, les Anglais, les Américains, les Russes et les Japonais, avec seulement un peu plus de bonne humeur peut-être, car notre pioupiou en campagne est très loustic.

C'était là ce que la civilisation inspirait à ses porte-flambeau.

Quant aux Chinois, ils ont donné par leur attitude singulière la mesure de leur sauvagerie. Les femelles de ces êtres inférieurs ne considéraient pas que ce fût pour elles une sorte d'honneur immérité, de promotion bienveillante, un accroissement de dignité d'être les jouets des visages blancs, de recevoir leurs baisers, de leur appartenir. Elles estimaient, au contraire, dans leur barbarie naïve, que d'être ainsi prises et possédées était une souillure, et elles cherchaient un refuge dans la mort. Des familles entières recouraient au suicide pour échapper à la honte. « Qui aime le puits va au puits, qui aime le jardin va au jardin », disait le père. Et les jeunes vierges, silencieuses, se retiraient, très graves. Elles avaient compris. Quand les conquérants entraient poudreux, bruyants, en rut et prêts pour la suprême gloire, ils ne trouvaient plus que des cadavres. Des corps se balançaient aux branches des arbres. Parfois des gémissements sortaient encore du puits.

D'autres cependant, farouches, firent mieux, allèrent plus loin dans la voie du sacrifice suprême : elles acceptèrent la mort lente. Fuyant les caresses brutales de l'envahisseur, elles se réfugièrent dans les flots bourbeux du Pei-Ho. Mais là une angoisse nouvelle les saisit : elles n'avaient de l'eau que jusques à la taille. Alors,…. alors leur hésitation ne fut pas longue. Avec un frémissement qui les parcourut toutes, d'un élan commun, elles se penchèrent, se baissèrent, s'accroupirent. L'eau passa sur leurs têtes inclinées qui ne se relevèrent pas.

Quand les historiens s'occuperont de ces événements que les contemporains dédaignent, ils diront de quel côté fut l'héroïsme et de quel côté la sauvagerie cupide, impitoyable et lâche.

J'accorde, certes, que l'on ait quelque peine à comprendre que des hommes qui vivaient hier notre existence, qui, pour la plupart, rentreront demain dans la vie civile, et n'avaient pas encouru jusqu'à ce jour, pour satisfaire leurs appétits, la vindicte des lois, se soient si brusquement transformés en brutes aux caprices mortels. Il est certain que le vertige des individus lâchés sans contrôle, avec de pleins pouvoirs, échappe à l'analyse. La bête ancestrale se réveille en eux avec une rapidité effrayante, une vitalité insoupçonnable, une force d'expansion qui déconcerte la pensée. Ils deviennent chacun semblables à une foule.

Mais il me faut, tout d'abord, pour que la suite soit intelligible, raconter une des plus épouvantables scènes de tuerie dont l'armée expéditionnaire se soit rendue coupable. J'en emprunte le récit à John Dillon, de la *Contemporary Review*, parce que nul autre ne l'a donné aussi complet, encore qu'il soit signalé dans une multitude de lettres et correspondances.

« Le refrain lugubre qui revenait dans tous les récits des Chinois était l'atroce massacre de trois cents coolies à Ta-Kou. Cette histoire a été souvent dite depuis, au nord de la Chine et au sud, à l'est et à l'ouest, dans tout l'Empire. Voici les faits essentiels, tels qu'ils m'ont été exposés sur les lieux. Environ trois cents coolies subvenaient à leur dure existence en chargeant et déchargeant les steamers qui jetaient l'ancre à Ta-Kou. Ils vivaient dans un bateau plat, grouillant là aux heures de loisir comme des harengs dans un baril, mais peinant aux heures de travail comme des esclaves. Utiles à beaucoup, ils ne faisaient de mal à personne. L'attaque des troupes étrangères contre les forts de Ta-Kou marqua le commencement de leur fin. Frappés de terreur en entendant siffler les balles, ils résolurent de prendre terre. Forts de leur faiblesse même, confiants dans leur caractère de travailleurs qui haïssaient la guerre, ils se dirigèrent vers le rivage. Pour leur malheur, ils furent aperçus par les troupes russes qui, à cette époque, avaient ordre, dit-on, de tuer tout être humain portant une natte. *Chacun des trois cents coolies devint aussitôt une cible pour les balles.* — Pourquoi ce massacre? me demanda un Chinois. C'étaient à coup sûr de pauvres diables que personne ne pleurera et dont l'absence ne sera remarquée que par les capitaines dont ils ne déchargeront plus les vaisseaux. Mais ils ne pouvaient faire aucun mal à l'Europe, et s'ils l'avaient pu, ils ne l'auraient pas voulu. Tuez les Boxers, fusillez les troupes impériales, pendez tous ceux qui les favorisent, si ce massacre colossal doit servir votre cause. Mais pourquoi détruire des innocents? — Je ne répondis rien. »

M. Henri Dumolard raconte, dans la *Revue Bleue,* le voyage qu'il fit, en septembre-octobre, de Tien-Tsin à Pékin, remontant le Pei-Ho à bord d'une jonque avec des soldats d'infanterie de marine. M. Henri Dumolard est un esprit aimable, pondéré, nullement porté à l'indignation. Il paraît convaincu que la guerre légitime un grand nombre d'atrocités et que la conquête implique les droits les plus excessifs. Il ne proteste donc pas. Il raconte avec simplicité ce qu'il a vu.

« A midi, écrit-il, notre caravane s'arrête devant un petit village. MM. les coolies réclament leur tcho-tcho. Tandis qu'ils dévorent d'énormes plats de riz, nous allons inspecter l'endroit. C'est un village d'aspect assez cossu, mais tout brûlé et saccagé. Inutile de songer à rien grappiller dans les maisons ou les basses-cours; aussi les marsouins vont-ils aux jardins. J'en vois qui reviennent à bord avec des brassées de poireaux et d'énormes courges. L'un d'eux cependant a été plus heureux: il émerge d'une ruelle, tenant un Chinois par sa longue queue et lui indiquant le chemin du bord à coups de pied dans les

***

reins. C'est encore une recrue nouvelle pour la corde. Le bonhomme, ahuri et apeuré de se trouver au milieu de tous ces gens armés, ne sait trop ce qu'on veut de lui. »

C'est un premier tableau. Le sang n'y paraît pas encore. Patience, voici le second : « Tout à l'heure, au moment où nous abordions, j'entends le marin allemand qui conduit une jonque devant la mienne hurler à pleine voix. Ses coolies ne manœuvrent pas à sa fantaisie et il leur lance un torrent d'injures tudesques. Les braves Célestes, qui ont l'outrecuidance de ne pas comprendre l'allemand, ne bronchent pas. *L'homme ne se contient plus, il arme son fusil, et là, à vingt pas, tire une balle dans le tas.* »

Ne croyez point que ce bandit soit une exception. Le lendemain du jour où cet assassinat fut commis, M. Henri Dumolard écrit : « Dans toute la campagne c'est une fusillade incessante, et comme le fleuve fait des contours continuels, et que notre convoi, suivi de ceux des Japonais et des Allemands, s'étend sur une longueur de plus de deux kilomètres, c'est merveille vraiment que personne ne soit atteint par quelque balle perdue. Les Japonais surtout sont cyniques. Sans se donner même la peine de descendre à terre, ils tirent constamment sur des Chinois qu'on aperçoit cachés dans les maïs. »

On imaginerait difficilement main-mise plus complète et plus brutale. Et l'erreur serait grande de croire que ces traitements barbares aient eu la justification d'une utilité quelconque. Ce n'est pas à cause des difficultés de recrutement que l'on y a recours à l'égard des coolies. Le principe de ces cruautés est dans le droit du vainqueur, non point tel que les conventions internationales l'enseignent, mais tel que l'enseignent et l'appliquent les chefs militaires dès qu'ils sont assurés de l'impunité. Les preuves de ce fait sont tellement nombreuses que je ne puis les citer toutes, quel que soit mon désir de laisser parler les témoins dont j'ai recueilli les dépositions. J'en citerai quelques-unes. C'est ainsi que M. Henri Dumolard, racontant qu'un matin il est descendu de la jonque pour faire une promenade dans la campagne, écrit : « Vraiment, il y a trop de fusillades à tout propos, et comme on est dans une immense plaine plate où il est impossible de voir à vingt mètres devant soi, à cause des récoltes, on entend constamment siffler des balles égarées. On s'est divisé en groupes de deux ou trois. Mes compagnons, deux vieux rengagés, sont de pures brutes. Ils tirent à chaque instant sur n'importe quoi : j'arrive avec eux dans un village qu'ils fouillent maison par maison. Quelques vieillards sont restés là : des éclopés et des infirmes surtout. Les soldats les brutalisent. Décidément ces gaillards-là me dégoûtent : je les quitte et vais, avec un des Frères qui m'a rejoint, cueillir des choux dans les jardins. En revenant au bateau, nous retrouvons les deux soldats avec un vieux. Ils l'ont chargé de légumes de toute sorte, et comme l'autre, éreinté, cassé par l'âge, n'avance pas assez vite, *ils lui ont donné un coup de crosse sur la tête. Le sang coule sur les courges que le vieux a dans les mains. Nos deux brutes s'indignent et poussent le Chinois au fleuve.* Il faut nous mettre en colère, le Frère et moi, pour faire cesser cette odieuse comédie. Pendant ce temps, à deux pas de là, *les Allemands lardent une vieille femme à coups de baïonnette.* »

Brièvement, je résume un autre témoignage du même ordre. M. Belcredi, correspondant de la *Tribuna*, qui a, lui aussi, remonté le Pei-Ho, écrit de Toung-Tcheou, dans une lettre publiée le 10 décembre, que là où les Chinois n'ont pas été tués, ils ont fui. Et il ajoute que lorsque, par hasard, un Chinois se présente pour vendre des vivres, « *les Russes le paient avec du plomb, ou, pour faire moins de bruit peut-être, d'un coup de baïonnette dans les reins* ».

M. Gaston Donnet, correspondant du *Temps*, et témoin oculaire, dit de son côté : « Quelquefois on entend siffler les balles, ce sont des soldats tirant sur les pauvres chiens errants. *Il leur arrive aussi de tirer sur un coolie par mégarde*, mais cela n'a pas autrement d'importance. Il faut bien passer son temps et la cible est un exercice si nécessaire ! »

J'accorde, certes, que ces témoignages ne suffisent pas encore. On pourrait objecter aux récits de MM. John Dillon, Henri Dumolard, Gaston Donnet, Belcredi, que des préoccupations littéraires ont, dans une certaine mesure, altéré la netteté de leur vision, ou bien qu'ils ont cédé à la tentation de grossir les faits. Mais s'ils ont mal vu les drames qui se déroulaient devant leurs yeux, ils vont à coup sûr se trouver en contradiction avec les récits que feront les acteurs eux-mêmes. Cela est inévitable. Eh bien, écoutons les acteurs.

Un soldat français dit dans une lettre publiée le 3 janvier par le *Vigneron Champenois* d'Épernay : « Nous faisons travailler les Chinois à coups de triques. Ils ont les côtes solides. *S'ils ne veulent pas nous suivre ou qu'ils fassent mine de s'évader, une balle leur troue aussitôt la poitrine*, et j'ai remarqué que beaucoup préféraient la mort plutôt que de devenir nos esclaves. »

Un autre soldat français écrit dans une lettre datée de Tien-Tsin et publiée par le *Journal de Roubaix* le 9 décembre : « Vous ne vous imaginez pas comment on mène les Chinois. *On les frappe ni plus ni moins que des chevaux.* On pille tout ce qu'ils possèdent, et, *s'ils réclament, on les tue.* Nous en avons le droit. »

Mais je n'ai cité ici que des témoignages de Français à la charge de Français. Il y aurait injustice à ne pas dire que les soldats des autres nations se conduisaient avec une sauvagerie égale.

Un marin allemand écrit dans une lettre publiée par la *Frankfurter Zeitung*, le 9 novembre : « Avec les Chinois que nous rencontrons sans armes, nous ne faisons pas de cérémonie. Ils ont à travailler ferme. *Celui qui refuse est immédiatement fusillé*, moins souvent par nous que par les Russes et les Japonais, qui font bien les choses. »

Un autre marin allemand écrit dans une lettre publiée par la *Krefelder Zeitung*, le 8 novembre : « Toute notre besogne nous la faisons faire par les Chinois. On les prend dans la rue et on les oblige à travailler. Ils sont libres, quand ils ont fini. *Parfois, suivant les circonstances, ils reçoivent un bon nombre de coups de bâton.* On ne peut pas traiter ces compagnons-là comme des hommes : ce sont des brutes. »

Enfin, un soldat, également allemand, écrit de Tien-Tsin, dans une lettre publiée par le *Vorwaerts*, le 12 janvier : « Nous faisons travailler les Chinois pour nous. S'ils demandent à être payés, nous les battons et les jetons dehors en les traînant par leurs queues de cochons. *J'en ai déjà percé plusieurs de ma baïonnette.* »

Si j'en étais à dire les atrocités commises par les troupes alliées, ces quelques citations seraient insuffisantes et ne donneraient point une idée, même approximative, des excès auxquels se sont livrés les civilisateurs que l'ancien et le nouveau Mondes envoyaient en Extrême-Orient. Mais j'ai voulu seulement indiquer par quelques traits précis comment a grandi, comment s'est développée cette idée du droit que donne la conquête de disposer des vaincus et de les supprimer, s'ils déplaisent. Or, les Chinois déplaisaient souvent. Ils étaient trop étrangers. Je ne pense pas seulement à la teinte de leur peau, aux tresses de leurs cheveux, à leurs vêtements orientaux. Leur âme subtile et profonde les séparait bien davantage des envahisseurs. Ces ouvriers, ces paysans, d'une politesse si raffinée, d'une résignation si complète, qui ne se révoltaient jamais sous l'outrage, qui ne se plaignaient jamais sous les coups, dont le premier gémissement était une plainte d'agonie, n'apparaissaient pas comme des frères aux hommes d'Occident. Ils ne comprenaient rien à ces hommes souples et calmes dont l'échine semblait toujours inclinée pour une faveur, dont les yeux ne trahissaient jamais l'émotion intérieure, qui répondaient par des saluts aux injures, par des sourires aux menaces, et frappés, blessés, sanglants, n'oubliaient pas les devoirs de courtoisie que la visite d'étrangers impose à leur hôte. Et puis, ils ne mouraient généralement pas non plus comme l'on meurt en France, en Allemagne ou en Russie, dans une crise de désespoir ou dans un accès de révolte. Suivant la forte expression d'un glorieux officier de notre glorieuse armée, ils se laissaient égorger comme des veaux. Debout, s'ils étaient debout, couchés s'ils étaient couchés, ils attendaient le coup de grâce. Ce n'était point courage puisqu'on les avait vus fuir la veille, ou quelques heures auparavant. Qu'était-ce donc ? Indifférence ? Résignation ? Les vainqueurs ne comprenaient pas et devenaient plus impitoyables. On ne pouvait rien faire d'individus si bizarres, si lointains, si différents, que les tuer, en tuer le plus possible, puisqu'il était impossible d'exterminer la race tout entière. Quand ils étaient morts, ils ressemblaient davantage aux hommes que l'on rencontre à Paris, Londres, Saint-Pétersbourg, Rome ou Berlin. Leur visage exsangue devenait presque blanc, leurs yeux paraissaient agrandis dans la stupeur de la mort, leurs membres raidis prenaient des attitudes fières. Non, en vérité, ils ne se distinguaient plus beaucoup de leurs assassins.

Je ne pense pas qu'il soit possible d'expliquer autrement que par cette disparité d'âme l'insouciance avec laquelle on traversait d'un coup de baïonnette ou l'on fusillait les indigènes, sous le moindre prétexte, parfois sans prétexte.

M. John Dillon conte à cet égard une histoire caractéristique. Un jour, à Pékin, des Chinois qui marchaient en groupe heurtèrent un soldat. L'offense fut-elle réelle ou imaginaire? Le plus vraisemblable, d'après les déclarations mêmes du soldat, est qu'elle fut imaginaire. Les Chinois étaient une trentaine. Ils rentraient chez eux, en bavardant, après une pénible journée de travail. Rien n'indique qu'ils aient eu l'intention de provoquer le porte-flambeau de l'Occident. Toutefois, il plut au soldat de considérer qu'on venait de lui faire injure et il résolut de se venger. Il suivit donc le groupe jusqu'au moment où il rencontra des Japonais, desquels il réclama le service d'arrêter les indigènes et de les conduire devant son commandant. Les Japonais y consentirent. Mais, chemin faisant, ils furent accostés par des soldats d'une autre nation. Ces derniers leur demandèrent quel était le crime des prisonniers. Puis, après avoir écouté l'histoire, ils s'écrièrent : « Confiez-nous cette affaire! Nous nous chargerons de la terminer et nous vous répondons qu'on n'aura plus à se plaindre d'eux. » Les Japonais, ne voulant pas se faire d'ennemis pour si peu, consentirent courtoisement et, avec leurs nouveaux guides, les prisonniers reprirent leur marche, indifférents. Ils ne soupçonnaient même point qu'on les conduisait à la mort. Mais quand ils virent les fusils s'abattre et les mettre en joue, l'horreur de leur sort les saisit. Quelques-uns se jetèrent la face contre terre en demandant grâce. On les empoigna par leurs nattes et on les jeta en arrière. « *Une longue détonation éclata. Je vis des vêtements bleus flotter et s'affaler. Un homme tournoya comme une toupie. Plusieurs se tordirent un moment sur le sol. Le tout ne dura que quelques minutes.* »

La civilisation venait de remporter une nouvelle victoire.

Je n'imagine pas que l'on puisse pousser plus loin le mépris de la vie des autres. Trente pauvres diables fusillés pour avoir bousculé un passant d'un geste probablement involontaire, c'est la dernière expression de la suprématie de race, de la supériorité d'intelligence, de morale, de civilisation.

LES CAS DE NÉRONISME

Mais ce n'est pas seulement par des exploits de cette sorte que le corps expéditionnaire a marqué ses étapes. La faculté de tuer a tout au moins cet inconvénient qu'elle ne donne pas seulement l'appétit de tuer, mais qu'elle suscite le goût de la douleur, éveille les instincts cruels cachés dans les replis obscurs de l'âme. Je ne citerai point tous les cas de néronisme qui ont été relevés ! Il y faudrait un livre, plusieurs livres. J'en dirai quelques-uns seulement, mais caractéristiques.

Le même auteur auquel j'ai fait tant d'emprunts, décrit ainsi une scène à laquelle il assista à Tien-Tsin. « C'était sur le bord de la rivière, dans la concession française. Un petit soldat japonais était de garde à un carrefour. Cinq ou six de ses camarades, assis auprès de lui, causaient et fumaient. Un vieux Chinois vint à passer. Les Japonais l'arrêtèrent et le dépouillèrent de ses vêtements. Lorsqu'ils l'eurent mis nu, ils s'aperçurent qu'il avait une excroissance assez forte dans le dos, et cette découverte les plongea dans une joie telle qu'ils se mirent à le frapper à grands coups de poings sur sa bosse, pour marquer leur satisfaction. Le vieillard tressaillit. Un frisson de douleur le secoua. Mais la prudence le porta à sourire. Espérant avoir ainsi apaisé ses tourmenteurs, il demanda qu'on lui permit de continuer sa route. Mais les Japonais lui enjoignirent de se mettre à genoux dans la boue et, riant au point qu'on ne voyait plus leurs petits yeux bridés, ils entreprirent de lui faire faire la culbute. Ils n'y parvinrent, toutefois, que lorsque leur vivant jouet eut compris leur intention. Ils purent alors s'en donner à cœur joie. Ils imaginèrent ensuite une autre plaisanterie. Elle consistait à obliger leur victime à se tenir sur la tête et les mains tandis qu'ils s'exerçaient à le remettre debout à coups de pied. Vingt minutes environ s'écoulèrent ainsi. *Après quoi, fatigués, ils s'occupèrent à étrangler lentement le malheureux.* Son visage était déjà tout noir quand j'aperçus un officier anglais auquel je demandai de mettre fin à cette scène atroce. Il le fit, en venant se placer auprès des soldats et en les regardant, mais sans intervenir de façon active. Le veillard s'éloigna avec un douloureux sourire. Une heure plus tard, un autre groupe de Japonais employait ses loisirs à un jeu analogue, à bord d'une barque. Il n'y avait là personne pour les arrêter. La brutalité devint bientôt de la sauvagerie. Lorsque la plaisanterie fut une torture et que la victime, d'abord silencieuse, se mit à gémir, je m'éloignai à grands pas. Ces incidents, certes, ne sont pas sensationnels. Ils ont cependant fait une impression profonde sur moi, et sur d'autres, parce que nous les avons vus se renouveler souvent. »

Voici d'autres faits : « Un jour que le général américain Chaffee faisait boire son cheval à la rivière, sous les murs de Toung-Tcheou, raconte le correspondant du *World*, les Russes aperçurent un vieillard indigène caché dans la vase. On ne pouvait apercevoir que son crâne. Ils le tirèrent par sa natte, au milieu des éclats de rire, *et l'empalèrent sur une baïonnette.* — Ceci n'est pas la guerre, c'est un assassinat, observa le général Chaffee. »

Dans le *Temps*, M. Gaston Donnet raconte un autre incident tout pareil. « Je vois toujours l'un d'eux, un vieillard à frêle barbiche blanche, aux yeux mouillés de sanie, à la carcasse tremblotante, et si maigre que les os trouent la mince cotonnade bleue qui les recouvre. Cette larve veut porter une caisse sur ses épaules. La caisse, trop lourde, s'aplatit contre le sol. Un soldat lève sur lui son nerf de bœuf. L'homme, résigné, n'essaie pas un mouvement. *Les coups tombent,* il ne pousse pas un cri. Mais ses yeux, ses tristes yeux usés, implorent grâce. *Les coups tombent toujours.* Alors il s'agenouille, il joint les mains, il attend encore. *Les coups tombent toujours.* Il n'a plus la force de résister davantage, il s'abandonne, il s'affale dans la vase. Le soldat, fatigué de le frapper, le laisse là, et il meurt, pauvre bête chinoise ! » Allemane a fait d'un mot le commentaire qui s'impose : « Eh bien, et l'autre, la bête française ? »

Autre spectacle : « Je parle en témoin oculaire, écrit M. John Dillon, quand je dis, par exemple, qu'*en maints endroits les ruisseaux de Toung-Tcheou étaient pleins de sang et que je n'y pouvais marcher sans avoir mes bottes salies de taches rouges.* Il y avait peu de boutiques, de maisons, de cours où l'on n'aperçut pas de cadavres. Les autorités militaires avaient institué le régime de la terreur pour contenir une population indigène qui frissonnait de crainte à la vue d'un fusil, d'un revolver, d'un uniforme. Mais, si même tous les Chinois de la ville s'étaient révoltés, les alliés eussent été en situation de les mettre à la raison sans péril, sans effort. On laissait l'épée de Damoclès continuellement suspendue sur toutes les têtes. La vie des indigènes n'était pas garantie pour une heure : des indigènes que j'avais vus causer avant le déjeuner étaient couchés dans leur tombe le soir. On ne saura jamais pourquoi. La soif du sang rendait les hommes fous. Le plus misérable vaurien né en Europe ou au Japon avait un pouvoir absolu sur l'âme et le corps du Chinois le plus civilisé. Un indigène ne savait jamais ce qui lui arriverait l'instant d'après si un Européen se mettait en colère. Tandis que le malheureux prenait quelque repos, après avoir travaillé pendant douze ou quatorze heures comme une bête de somme, il se pouvait très bien qu'on le réveillât rudement, qu'on l'emmenât à quelques pas et qu'on le fusillât. On ne lui disait jamais pourquoi, et probablement il ne le devinait point. »

Encore ceci : « Près d'un village appelé Koh-So, je vis deux corps sur la berge. Habitué à de tels spectacles, j'aurais passé outre, sans le pathétique de leur histoire. Elle n'avait pas besoin d'une voix vivante pour être racontée. *Un homme et son fils, un enfant de huit ans, avaient été fusillés au nom de la civilisation alors que, se donnant la main, ils imploraient grâce.* Ils gisaient là, se tenant encore dans une étreinte dernière. Un chien noir rongeait un des bras du père. »

Mais allons plus loin dans l'horreur. C'est toujours M. John Dillon qui parle. « — Au nom du ciel, qu'y a-t-il là-dedans ? demandai-je un jour en frappant sur une immense caisse noire dans une maison riche. C'était à Toung-Tcheou. De la caisse sortait une odeur affreuse. — Ce sont des jeunes filles, monsieur, trois jeunes filles, me dit le domestique qui était européen. Les corps sont là. — Qui les a mis dans cette caisse ? — Des officiers. — Êtes-vous sûr ? — Oui, j'étais là quand la chose s'est faite. — Vous avez vu les jeunes filles de vos yeux ? — Je les ai vues. C'étaient les filles du maître de la maison. *Les officiers les violèrent et ensuite les percèrent de leurs épées.* Quand elles furent mortes, on les jeta dans cette caisse que l'on referma. »

Voici un autre fait, que je signale tout particulièrement à l'attention des farceurs ou des imbéciles qui, feignant d'éprouver une profonde émotion au récit des atrocités commises, s'empressent d'ajouter avec un soupir de joie patriotique : « Fort heureusement on ne voit pas figurer nos compatriotes dans ces scènes d'horreur ! Nous pouvons être fiers des soldats qui représentent en Extrême-Orient la France et la civilisation française. »

« — J'entrai une fois dans une maison qu'un écriteau désignait comme appartenant à « de bonnes et braves gens ». J'étais curieux de vérifier la sincérité de leur affection pour « les diables d'étrangers ». La pièce où nous pénétrâmes était vide et nous allions nous retirer quand une plainte sourde vint jusqu'à nos oreilles. Poussant une porte, nous vîmes deux corps étendus sur le plancher. Un vieux Chinois, la tête retournée vers le mur, respirait avec un bruit qui ressemblait à un gémissement. Une femme, évidemment sa femme, tenait sa main, la caressait d'un geste doux et s'efforçait de calmer ses souffrances, sans y parvenir. Quelques gouttes de sang marquaient l'endroit où le crime avait été commis. Dès qu'elle nous aperçut, la femme tourna vers nous un inoubliable regard de haine intense, sauvage. S'approchant, le docteur fit signe qu'il voulait examiner le blessé. Elle s'éloigna un peu avec un grognement. — Qu'est-ce? demandai-je, quand le docteur se fut relevé. — Une balle de fusil dans la poitrine. — Mortelle? — Sûrement. A ce moment entra un parent de l'homme blessé. Il nous raconta que des soldats français étaient venus quelques heures auparavant et, ne trouvant plus rien à prendre, avaient demandé de l'argent. Le Chinois n'en avait point à donner. Mais il montra le papier qui lui assurait la protection des troupes étrangères. *Pour toute réponse un des soldats l'abattit d'un coup de fusil.* »

Nos invincibles soldats ne pratiquaient pas seulement l'assassinat. Ils le complétèrent à toute occasion par le viol. Voici donc une histoire faite pour réjouir les chambrées et amener un indulgent sourire sur les lèvres de l'officier qui l'entendra en passant et la répétera au mess. « Longtemps encore après que la vie et la propriété des indigènes furent protégées en théorie, les soldats continuèrent à violer les femmes. Je me souviens d'un cas qui me parut abominable. Il se produisit à Pékin, au mois de septembre. Trois soldats français forcèrent la porte d'une maison dans un quartier placé sous la surveillance des Russes. Ils trouvèrent là une jeune fille et résolurent de la violer; ils estimèrent toutefois dangereux de le faire en présence des parents. Deux d'entre eux émirent l'opinion qu'il fallait tuer les vieilles gens sur place, le troisième préférait les tuer dans une autre pièce. Après une courte délibération, la majorité l'emporta et *le père et la mère furent abattus à coups de fusil.* Mais les cris des victimes, les détonations, avaient été entendus par les habitants d'une maison voisine. Ils persuadèrent à un Européen d'aller voir avec eux ce qui s'était passé. L'arrivée de ces visiteurs inattendus mit obstacle au projet des trois bandits. Elle ne rappela pas les morts à la vie. »

Au surplus, les horreurs commises sont telles que les Européens mêmes qui se trouvaient en Chine au moment de la si légitime révolte des Boxers ont pitié, honte et se détournent des spectacles offerts par cette soldatesque, ivre d'orgueil et de sang, bestialisée par les exhortations et les exemples de chefs infâmes tels que Voyron, Frey, Bailloud surtout, qui a commencé sa carrière en valet et la termine en bourreau (1).

« J'étais un des assiégés de Pékin, écrit un correspondant de la *Métropole*, le grand journal d'Anvers, et, pendant soixante jours, j'ai attendu la torture par les mains des Chinois. Par conséquent, je n'ai gardé aucun sentiment de sympathie pour ces gaillards, soldats ou paysans. Mais les scènes de cruauté que j'ai vues et constatées de mes propres yeux à Toung-Tcheou m'ont fait pleurer de pitié pour ce peuple qui, quatre semaines auparavant, usait de tous les moyens pour nous priver de la vie. Comment les représentants d'un pays civilisé pouvaient-ils commettre des atrocités semblables ? *Des soldats français en uniforme pénétraient dans les maisons particulières par groupes de deux ou trois, massacraient les marchands paisibles qui s'y trouvaient, violaient leurs filles et leurs femmes, emportaient les valeurs et mettaient le feu à la maison.* En quelques jours, toute la population de la ville était tellement effrayée que les femmes se noyaient dans les puits ou se brûlaient vives dans leurs maisons pour échapper aux soudards.

« Les scènes que je vais vous raconter ne s'effaceront jamais de ma mémoire.

« Mme Yu, âgée de quarante-cinq ans, qui habite avec son dernier enfant, un enfant de sept ans, les débris d'un « home » jadis confortable et gai, m'a raconté l'histoire terrible que voici :

« Il y a huit jours, un groupe de mes voisins, comprenant vingt-trois femmes et trois hommes, dont mon mari, âgé de cinquante ans et mon fils marié, âgé de vingt-cinq ans,

-----

(1) Voir, dans le *Livre rouge*, du même auteur, l'expédition de Pao-ting-fou.

étaient rassemblés dans la cour, par crainte des Français qui volaient, maltraitaient les femmes, tuaient les hommes et razziaient le pays.

« Tout à coup, sept soldats en uniforme bleu, le casque sur la tête et le fusil en main, entrèrent par la porte de devant. A cette vue, nous jetâmes tous des cris d'effroi, mais on nous fit comprendre que nous avions à rester tranquilles, si nous ne voulions pas être fusillés sur l'heure. La menace produisit son effet, et les soldats ordonnèrent à mon mari et aux autres hommes de passer dans la cour voisine. Ils n'avaient pas d'armes, ils obéirent donc, et l'un des soldats garda l'entrée de la cour où se trouvaient les femmes.

« *Inutile de vous dire la scène de sauvagerie et de honte qui se produisit alors.*

« Les hommes, dans l'entre-temps, étaient toujours enfermés dans la cour voisine, où trois des soldats allèrent les retrouver. Je craignais des malheurs et je les suivis. *A peine étions-nous entrés que je vis les soldats ajuster mon mari et mon fils. Ils tombèrent.*

« *Les fils de MM. Wang et Hsu furent fusillés à leur tour.* Sur chacune des victimes, les soldats ont tiré deux ou trois balles. Cette ignoble besogne accomplie, ils sont revenus en riant, ils ont appelé leurs camarades et les sept soudards sont partis ensemble.

« Trois jours après, deux soldats français sont venus chez les Hsu et ont emballé toutes les valeurs dans des caisses. L'aîné des fils, qui se trouvait malade dans sa chambre, cria à son frère de faire tout ce que les soldats demandaient, de peur d'être tué. *Les Français, ayant entendu une voix, allèrent à la recherche du malade et le fusillèrent dans son lit.*

« Alors ils forcèrent le plus jeune Hsu à porter les caisses, bien qu'il fût malade et presque incapable de soulever le fardeau. Quelques instants après, le jeune homme tomba et perdit connaissance. *Les soldats le tuèrent net.* Sa pauvre jeune femme se cachait dans la maison, mais deux jours après les mêmes individus revinrent. Pendant que l'un d'eux faisait la garde, l'autre entra et brutalisa la femme. Je l'ai vu de mes propres yeux sans pouvoir porter secours. La malheureuse Mme Hsu s'est enfuie vers le quartier des Japonais où elle a été protégée, et je suis retournée chez moi. Venez voir les cadavres, je les ai couverts, mais je ne puis pas les enterrer.

« J'ai suivi Mme Yu et j'ai vu les quatre cadavres qu'elle avait cachés sous des nattes.

« Ayant promis à Mme Yu que je rendrais compte de l'affaire au commandant français et que je tâcherais de faire châtier les coupables, je m'en allais à la recherche de Mme Hsu. C'est une timide jeune femme de vingt-trois ans, qui a répondu à toutes mes questions d'un air très gêné. Elle m'a confirmé tout ce que je savais sur l'horrible scène de carnage et m'a prié de bien vouloir faire des recherches pour retrouver le corps de son mari.

« Après avoir entendu le récit navrant de Mme Hsu, j'ai rendu visite à une très vieille personne, Mme Pai. Le cadavre de son mari se trouvait dans la cour, et elle le surveillait depuis cinq jours.

« — J'ai quatre-vingt-cinq ans, me dit la malheureuse. Mon mari en avait quatre-vingt-six. Il y a cinq jours, deux soldats sont venus chez nous et ont demandé nos montres et nos bijoux. Mon mari a répondu par signes qu'il n'en avait pas. *Là-dessus un des soldats a épaulé son fusil. La détonation retentit et la balle frappa mon pauvre homme à la tête et lui enleva la moitié de la face.* Il est mort sur le coup. Depuis, je garde son cadavre ici. Je ne veux pas le quitter avant que je n'ai trouvé le moyen de l'enterrer. »

« Je suis allé moi-même à la recherche de deux coolies qui m'ont aidé à enterrer le pauvre vieillard.

« Tous les jours des détresses semblables s'offrent à mes yeux. Je suis revenu à Pékin convaincu que les Boxers ne sont pas plus méchants que les Français venus en Chine. *Dans un seul endroit, j'ai vu les cadavres de sept jeunes femmes couchées l'une à côté de l'autre. Elles s'étaient donné la mort plutôt que de tomber entre les mains des soldats français.* »

Enfin voici encore quelques autres témoignages qui engagent la responsabilité d'autres contingents. Un soldat allemand écrit de Tien-Tsin dans une lettre publiée par le *Vorwærts,* le 12 janvier : « Nous avons fait de petites expéditions de pillage. Sept Chinois nous ayant résisté, nous leur avons bientôt fait voir ce que sont les Allemands. *Nous en avons tué cinq à coups de fusil et nous avons assommé les deux autres.* Quand les gens refusent de nous donner les choses, nous usons de la force. La bourse ou la vie : voilà la règle. Ici, pas de règle ! Les jeunes filles sont en abondance. Dans chaque maison nous en trouvons six ou sept. Nous choisissons les plus jolies. Nous mettons les autres à la porte et *nous faisons ce que nous voulons avec celles qui restent.* Quand les hommes essaient de nous empêcher, nous les taillons en pièces, car ce sont de rudes lâches. »

Le correspondant de la *Tribuna* écrit de Tien-Tsin, le 10 septembre : « Je ne trouve que des ruines jusqu'à la porte occupée par les Japonais. Mon guide me montre des piquets de bois disposés en forme de couronne. C'est là que les Japonais ont suspendu les têtes des Boxers qui s'étaient opposés à l'entrée des troupes. Toutes les têtes sont tombées, sauf une, retenue par la natte et que le vent balance. Mon guide me raconte que *les Japonais* qui sont dans le corps de garde voisin, *pour faire un exemple, ont laissé mourir de faim plusieurs prisonniers.* Afin que leur agonie fût plus longue, on leur donnait tous les jours une ration de riz, mais insuffisante, de façon à les torturer lentement jusqu'à la délivrance de la mort. »

Je n'ai pas voulu interrompre par des commentaires, même rapides, cette série de témoignages. Mais cependant, avant de passer à un autre ordre de faits, il me semble nécessaire de souligner quelques traits. Dans la scène révoltante de soldats japonais jouant avec un vieillard, on suit à merveille les progrès de cette ivresse spéciale que donne la toute-puissance. Ils ne veulent d'abord que se distraire. Le mal qu'ils font à leur victime, ils le font avec insouciance, certes, mais non point de façon tout à fait volontaire. L'intention de le faire souffrir ne leur vient qu'après, et elle leur vient de ce qu'ils le voient souffrir. Le vertige commence avec cette satisfaction nouvelle, plus forte. Ils s'en fatiguent vite. Désormais les sensations se succèdent en eux avec une extrême rapidité. Dix minutes plus tôt, ils ne pensaient qu'à rire, à régaler leur grossière jeunesse du spectacle d'un vieillard nu, sali, difforme. Maintenant ce plaisir est passé. Et, de même, le plaisir de la torture passe en quelques instants. Des ténèbres de leur être intime montent, affleurent, se font jour, s'imposent des désirs nouveaux que rien ne peut plus satisfaire, sinon le seul acte absolu permis à l'homme : l'acte qui tue. Encore ont-ils obscurément conscience que cet acte même n'apaisera point leurs désirs irrités. C'est pourquoi ils prolongent leur jouissance : ils le tuent avec lenteur. Après celui-là ils en tueront d'autres. Le crime les tient. Ils sont asservis à sa volupté spéciale, d'autant plus redoutable qu'elle ne se peut jamais assouvir toute, et que dans la seconde où le souffle s'en va du corps brisé par des mains savantes naît la déception de n'avoir pas joui davantage.

Ne croyez point que ce soient là des mœurs spéciales aux Asiatiques. Cette délectation grisante, nous la constatons encore chez ces Russes qui tirent un vieillard indigène de la vase et l'empalent sur une baïonnette. La mort par l'empalement est lente, elle peut durer des jours. C'est même une des raisons pour lesquelles elle eut en tout temps la faveur des pouvoirs sans frein. Ce soldat français qui frappe un autre vieillard, trop faible pour porter un lourd fardeau, jusqu'à le mettre en agonie, et l'abandonne, ne lui fait pas la grâce du coup final, obéit au même désir, et cherche la même volupté.

Mais cette volupté même, on la peut varier dans une certaine mesure, et c'est un moyen d'en accroître l'intensité. De là ce soin constaté par plusieurs témoignages de ne pas faire connaître leur sort aux malheureux que l'on va tuer. Ils croyaient aller à une corvée et se trouvaient devant une fosse. C'est qu'en effet, l'ivresse de tuer recevait une excitation nouvelle du mouvement de stupeur de ces hommes dont on avait prolongé l'insouciance jusqu'à la minute suprême. D'autres fois, au contraire, il est vrai, on contraignait les Chinois à creuser eux-mêmes leur tombe. La contradiction n'est qu'apparente. Le plaisir de bâtonner les prisonniers qui ne travaillaient pas avec assez d'ardeur pour hâter l'heure de leur supplice était un condiment du plaisir de les tuer.

Au surplus, ce domaine de l'épouvante, de la douleur et du crime est infini. Ce père et cet enfant qui, dans le petit village de Koh-So, se tenant par la main, imploraient la grâce des conquérants ont, à coup sûr, donné à ceux qui les prirent pour cibles une joie plus forte que s'ils avaient été étrangers l'un à l'autre, ou si on les avait tués isolément. M. Meyrier, vice-consul de France, rapporte qu'à Diarbékir, on attacha un Arménien et, sur ses genoux, transformés en billot, on coupa ses trois fils en morceaux. C'est une satisfaction de même nature qu'éprouvèrent les civilisateurs venus d'Europe en fusillant le père sous les yeux de l'enfant, l'enfant sous les yeux du père.

Et l'erreur serait grande de penser que, seules, des natures grossières sont ouvertes à ces sensations violentes, redoutables, enivrantes, par lesquelles l'homme est ravalé au-dessous de l'humanité, et que l'affinement d'une certaine culture est un suffisant préservatif. Les trois jeunes filles violées, passées au fil de l'épée et dédaigneusement jetées dans un coffre par des officiers attestent avec assez de force que la contagion ne s'arrête point devant d'aussi frêles barrières.

Non plus on ne doit pas croire que, le meurtre accompli, l'excitation tombée, la torture prolongée jusqu'au cri d'angoisse de l'agonie et au soupir allégé de la mort, la conscience fasse entendre une protestation et que s'éveille quelque chose de semblable à des regrets ou à de la honte. La vérité semble, tout au contraire, qu'une certaine allégresse subsiste après ces scènes immondes de torture, de viol, d'assassinat.

On en trouvera la preuve dans ce fait que plusieurs ont voulu garder des souvenirs de ces scènes de torture et de mort. Le correspondant du *Rousski Vestnik*, après avoir admis que des milliers de Chinois ont été passés à la baïonnette par les Russes, déclare que les troupes des autres puissances en ont fait autant et n'ont pas le droit de se montrer sévères pour les Cosaques. « Dans tous les cas, dit-il en terminant, le gouvernement du tsar s'est opposé à de nouveaux massacres. Nous allons voir maintenant si les autres nations mettront des gants pour toucher les Chinois, — à moins, cependant, que ces gants ne soient faits de leur peau. » Or, ceci est une allusion à un acte atroce commis par *un sous-officier allemand qui écorcha un indigène, fit sécher sa peau devant la maison en flammes et y tailla des gants pour ses amis et lui-même.*

MORT HÉROIQUE DES FEMMES CHINOISES

Hommes ou femmes, les victimes de cette barbarie des alliés sont innombrables. Mais, sans pouvoir fixer le chiffre ou déterminer la proportion, il semble bien que les femmes chinoises se soient par milliers et milliers, dizaines de milliers peut-être, soustraites au rut et à la férocité des civilisateurs en se réfugiant dans la mort. Beaucoup même, avant de mourir, firent un sacrifice plus douloureux : elles tuèrent leurs enfants, ou les firent tuer par le père, le frère aîné. Du moins, elles leur assuraient ainsi une fin sans souillure et prompte. On avait vu tant de petits enfants, incapables encore de marcher, promenés sur des baïonnettes et poussant des cris qui mettaient la soldatesque en joie. On avait vu tant de fillettes de six, huit, dix ou douze ans, déchirées par des compagnies entières, égorgées ensuite !

Je sais bien que de telles assertions ont besoin d'être appuyées. Je citerai donc d'irrécusables témoignages. Mais avant, vérité ou fiction, je veux rapporter ici une histoire contée par un Chinois. Elle vaut d'être entendue. La suite dira s'il faut y croire, ou l'accepter partiellement, ou l'accepter toute.

« La vieille dame Tchou dit alors à son mari :

« — Mon seigneur, les étrangers sont entrés à Pékin et il ne nous reste plus d'espoir. Par ce qui s'est passé à Toung-Tcheou, nous savons qu'ils ne font pas quartier aux hommes et ne respectent pas les femmes. Je te parle de cela parce que c'est à toi de trouver pour nous une fin honorable. J'ai vécu une existence entière avec toi, et je suis déjà vieille. La mort ne me fait pas peur. Mais il y a les enfants et les jeunes femmes. Je pense que c'est à toi de leur indiquer ce qu'il convient de faire.

« Le vieux Tchou, après avoir toussé, dit alors :

« — Certainement un remède est nécessaire. Tu as bien élevé nos fillettes. Je crois qu'elles sauront le parti qu'il faut prendre. Pauvres petites !

« Alors entrèrent toutes les femmes qui étaient dans la maison : les filles, les cousines, les nièces.

« Le vieux Tchou leur dit :

« — Nous sommes dans un moment difficile. Je pense qu'on doit chercher le moyen d'en bien sortir. Pendant de longues générations, notre famille a toujours suivi le bon chemin et l'heure est venue où l'on reconnaîtra les familles honorables. Alors, vous toutes, jeunes filles, vous devez éviter qu'il vous soit fait outrage.

« Les jeunes filles, sérieuses, répondirent tout de suite :

« — Nous savons déjà ce que nous devons faire, père Tchou. Croyez-vous que nous soyons assez sottes pour ne pas le savoir ? Qui aime le jardin va au jardin, et qui aime le puits va au puits. Nous suivrons notre destinée.

« Le père Tchou a été si heureux de cette réponse que les larmes lui sont venues aux yeux. Il les a toutes baisées sur la joue et il leur a dit qu'elles étaient de bonnes filles.

« Il s'est ensuite retiré dans sa bibliothèque, et il a ouvert un livre de poésies anciennes qu'il s'est mis à lire en regardant de temps en temps du côté du jardin. Quelques cris étouffés sont venus à lui, et alors il s'est bouché les oreilles avec les mains, et il a lu le livre jusqu'au soir. Quand il a vu la nuit tomber et qu'on ne l'avait pas encore tué, comme il avait espéré, *il est allé dans le jardin où il a trouvé d'étranges fruits de mort aux branches des arbres. Il les a reconnus, il les a comptés, mais il en manquait. Les autres, il les a trouvés dans le parterre avec du sang autour.*

« Manquait encore la petite, la préférée, la Benjamine, qu'il avait surnommée Clochette, à cause de sa voix argentine qui jetait du matin au soir la chanson de la mère Niang. Il a voulu trouver son cadavre et il s'est mis à crier comme un fou, et il a appelé si fort que l'on est accouru du voisinage.

« Mais tandis qu'il criait ainsi, il a entendu une petite voix qui l'appelait. La voix venait du puits et il a entendu qu'elle disait :

« — Sauve-moi! Sauve-moi!

« Alors le vieux Tchou est subitement devenu fou, car il a dit :

« — Les esprits me poursuivent. Je ne peux plus rester dans cette maison. Il y a des morts partout et la voix de Clochette sort du puits!

« Après cela il est parti en courant, avec son livre sous le bras. Depuis personne ne l'a revu. On pense qu'il est allé au-devant des troupes étrangères et qu'il s'est fait tuer. »

Drame ou cauchemar? je ne sais. Je ne puis garantir l'exactitude de ce récit fait par un Chinois à un écrivain italien. Ne l'acceptons donc que sous réserves, comme un premier témoignage que les autres infirmeront, ou confirmeront.

M. J. Dillon, à qui j'ai fait maints emprunts, parce qu'on ne saurait contester ni sa modération, ni la valeur de sa documentation (car il fut témoin oculaire), ni l'honorabilité parfaite, écrit dans la *Contemporary Review* : « *Des femmes de tout âge ont été violées à mort*, et les récits circonstanciés de ces viols de femmes, de jeunes filles, d'enfants, à Tien-Tsin, Toung-Tcheou, Pékin, sont de nature à exciter l'indignation de tout individu normal. Il n'est point nécessaire d'être puritain pour condamner le viol, parfois poussé jusqu'au meurtre, d'aïeules terrifiées de soixante ans, de fillettes de six ans, par des brutes qui représentaient assez mal, j'imagine, la chrétienté et la civilisation.

« J'ai beaucoup connu un homme dont la femme a été ainsi outragée et tuée ensuite avec son enfant. *J'en sais d'autres, dont la femme et les filles se pendirent à des arbres, ou se jetèrent dans les puits des jardins pour échapper à des violences infâmes.*

« Les femmes, en effet, estimaient que rien de plus terrible ne leur pouvait arriver que de tomber vivantes dans les mains des Européens. Elles avaient, d'ailleurs, raison.

« Le Bouddhisme et le Confucianisme ont eu leurs victimes de chasteté, qui ne seront inscrites à aucun martyrologe. *Certaines de ces jeunes filles et femmes se jetèrent dans le Pei-Ho et, n'y trouvant que trois pieds de profondeur, maintinrent leur tête sous l'eau jusqu'à ce que la mort fut venue sceller le sacrifice.* Cette forme de suicide fut épidémique. Les autorités militaires se virent contraintes de recourir à la force pour l'empêcher. Des soldats parvinrent à sauver un certain nombre de ces malheureuses créatures. Mais ils se plaignirent à leurs chefs que beaucoup d'entre elles, résolues à mourir, résistaient désespérément à leurs sauveteurs. Plusieurs, arrachées à la rivière, s'y jetèrent une seconde fois et y trouvèrent enfin une mort miséricordieuse. J'ai causé avec un certain nombre d'hommes qui prirent part au sauvetage de ces honnêtes femmes, de ces chastes vierges. Tous exaltèrent leur héroïsme.

« Un grand nombre de malheureuses tombèrent, néanmoins, vivantes au pouvoir des alliés. J'en ai vu à Pékin et à Toung-Tcheou. *On les avait déjà tuées, et elles portaient la trace d'effroyables blessures, la poitrine broyée, le crâne brisé.*

« Une dame missionnaire de Pékin s'employa pendant des mois à sauver du viol les femmes et les filles chinoises. Mais ce ne fut pas une entreprise facile. *En plein jour, les soldats assiégeaient le refuge, recourant à tous les moyens pour s'emparer de ces pauvres créatures.* »

Le correspondant de la *Tribuna* fait une déposition identique. « Mes amis chinois, dit-il, — j'en ai retrouvé quelques-uns vivants, — ont voulu que je visse de près les ruines de la capitale et de leurs maisons, et m'ont invité à les suivre dans les méandres des ruelles de Pékin. Pour ma première excursion, on m'a conduit dans le quartier russe, et j'ai eu l'occasion de vérifier que ce que l'on m'avait dit ne dépassait pas la vérité. Il était déjà trop tard pour voir dans les rues les petits corps des enfants dont on a brisé le crâne contre les murs. Mais, en entrant dans les maisons, j'ai assisté au plus horrible spectacle qui se puisse imaginer et j'ai dû tristement reconnaître que les Chinois ne m'avaient pas trompé.

« On m'avait parlé de cours intérieures où se trouvaient encore les cadavres de femmes qui s'étaient pendues pour échapper au déshonneur; de puits infectés par les cadavres d'enfants que leurs parents avaient tués pour les soustraire aux outrages. Je n'avais pas entièrement cru à la possibilité de tels faits. Mon guide a voulu me prouver l'exactitude de ces assertions, et m'a conduit dans une maison abandonnée. Là il m'a dit : Regardez!

« *Dans la cour se trouvaient épars, çà et là, treize corps de femmes gisant sur des décombres. Quelques-uns étaient étendus sous des arbres, d'où ils étaient tombés comme des fruits mûrs.* Aux branches pendaient encore, agitées par le vent, les cordes que ces malheureuses s'étaient mises au cou. D'autres corps gisaient en tas, tout près les uns des autres, comme si, avant de s'ouvrir la gorge ou de se mettre le collier suprême, ces désespérées avaient voulu fortifier leur courage en se rapprochant les unes des autres. Depuis la catastrophe, personne n'était plus entré dans la cour. Des soldats étaient certainement venus, mais ils n'avaient trouvé ni butin ni femmes vivantes.

« Les hommes avaient fui, après avoir peut-être ordonné eux-mêmes le massacre de la famille et sauvé l'honneur domestique, de sorte que ces cadavres étaient depuis un mois exposés au vent et à la pluie.

« Mais un autre souvenir, plus obstinément encore, reste dans ma mémoire, d'où je ne puis le chasser. *Il me rappelle de jeunes corps vêtus de couleurs claires étendus dans un jardin spacieux, sous les arbres, au travers des allées. Le temps n'a pas déteint encore les robes élégantes. Les tresses fines pendent aux crânes blanchis. Elles sont couvertes de poussière. On voit les mules au bout des tibias nus. Étrange confusion de vie et de mort qui me souffle l'idée qu'à un mo-*

ment donné, à une certaine heure, toutes ces mortes vont se lever et demander compte de leur vie. »

Ces mortes, ce sont les filles, cousines, nièces de Tchou, dont j'ai dit tout à l'heure l'histoire, l'histoire, non la légende. Et, sans doute, flottant au creux du puits, il y avait là Clochette, expirée après une longue agonie, Clochette la plus jeune, la préférée, la Benjamine.

Voilà ce que firent nos glorieux soldats. Je dois, dans cette brochure, m'en tenir à leurs exploits. Je dirai plus tard les hauts faits de leurs chefs et j'établirai la responsabilité des gouvernements.

Il y a quelques semaines un personnage considérable disait à un journaliste italien : Les divers contingents militaires se conduisent tous avec une cruauté excessive. Il n'est pas rare de voir des soldats transpercer de leur baïonnette, en manière de jeu, des Chinois inoffensifs. Il n'est pas rare non plus qu'une colonne expéditionnaire assume la protection d'une ville en l'abritant de son drapeau, avant l'arrivée des troupes d'une autre nation, et lui impose en échange une grosse contribution d'argent. *Après quoi, lorsque la contribution est versée jusqu'au dernier taël, pillage et massacre,* si d'autres colonnes viennent ensuite, elles prennent ce qui reste, jusqu'à épuisement complet d'argent et de vie. Mais la mort même n'apaise pas les brutaux vainqueurs. En guise de plaisanterie, et bien que le bois soit abondant, ils jettent les cadavres hors des cercueils et en font du feu.

N'allez point croire qu'il y ait là aucune exagération. Le jour où l'on pourra écrire une histoire complète de cette campagne, la plus féroce, la plus sanglante, la plus lâche, la plus ignominieuse, le monde entier en sera saisi de stupeur et d'effroi. C'est l'ignorance des foules qui fait la sécurité des coquins de tout grade et sans grade. Elles se soulèveraient avec une irrésistible puissance si elles étaient informées.

Cette brochure a été composée et tirée par des ouvriers syndiqués

Imprimerie de Suresnes (G. Richard, adm'), rue du Pont, 9. — 4172

BIBLIOTHÈQUE SOCIALISTE

La **Bibliothèque Socialiste**, dont la *Société Nouvelle de librairie et d'édition* entreprend la publication, comprend des œuvres de propagande et de doctrine, des études historiques et biographiques, des réimpressions et des traductions d'ouvrages socialistes importants, etc.

La **Bibliothèque Socialiste** forme une série de volumes in-16 d'un format commode et d'une impression soignée.

La **Bibliothèque Socialiste** *paraît par numéros de cent pages*, les œuvres étendues comprenant, s'il y a lieu, deux ou trois numéros (200 ou 300 pages).

Prix du numéro : 0 fr. 50. Franco à domicile : o fr. 60. Le numéro double : 1 fr.; franco : 1 fr. 20. Le numéro triple : 1 fr. 50; franco : 1 fr. 80.

Il paraîtra au cours de l'année 1900-1901 (de novembre 1900 à juillet 1901) **douze numéros.**

Prix de souscription à la série de douze numéros : **Six francs franco.**

Prix pour les groupes, syndicats et coopératives socialistes : le numéro, o fr. 35; franco, o fr. 45. Le numéro double, o fr. 70; franco, o fr. 90. Le numéro triple, 1 fr. 05; franco, 1 fr. 85.

ONT PARU :

N° 1. — M. LAUZEL. *Manuel du coopérateur socialiste.*

N°s 2, 3 et 4. — EMILE VANDERVELDE. *Le collectivisme et l'évolution industrielle.*

N° 5. — HUBERT BOURGIN. *Proudhon,* avec un portrait.

N°s 6 et 7. — LÉON BLUM. *Les congrès ouvriers et socialistes français (1876-1900).*

PARAITRONT MENSUELLEMENT :

N° 8. — LUCIEN HERR. *La révolution sociale.*

N°s 9 et 10. — *Le manifeste communiste,* traduction nouvelle, préface et notes, par CHARLES ANDLER.

Etc., etc.